123

Kunterbunte Kinderreime

Ein ganzes Haus voll schöner alter Reime
Für kleine und große Leute
unter Dach und Fach gebracht von René Rilz
Mit vielen Bildern geschmückt von Herbert Lentz
Loewes Verlag

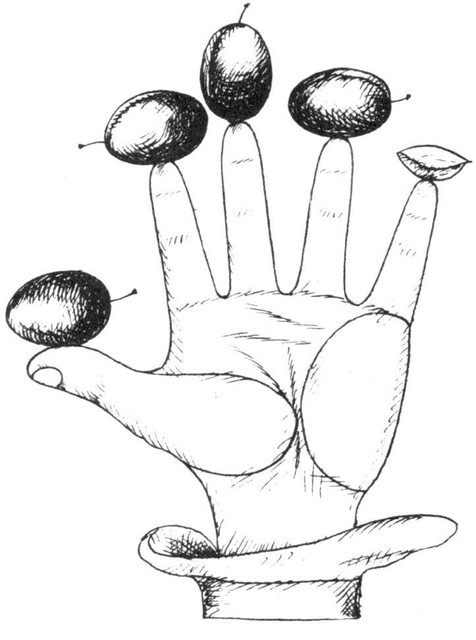

Für Alexandra, Birgit, Corinna, Daphne, Fabian, Gabriele, Isabel, Jens, Joachim, Jürgen, Maria, Marianka, Matthias, Peter, Thomas, Tobias, Ulf und Wolfgang

ISBN 3-7855-1770-X-5. Auflage 1990

Umschlag und Zeichnungen: Herbert Lentz
Druck: Druckhaus Bayreuth
Printed in Germany

Inhalt

Eingang

Dies und das, gib jedem was

Kunterbuntes Reimeallerlei

Ach, wenn ich doch ein Täublein wär!

Dort oben auf dem Berge,
da steht ein hohes Haus,
da fliegen alle Morgen
zwei Turteltäublein raus.

Ach, wenn ich nur ein Täublein wär!
Wollt fliegen aus und ein,
wollt fliegen alle Morgen
zu meinem Brüderlein.

Ein Haus wollt ich mir bauen,
ein Stock von grünem Klee,
mit Buchsbaum wollt ich's decke
und roten Nägelein.

Und wenn das Haus gebauet wär,
beschert mir Gott was 'nein,
ein kleines, kleines Kindelein,
das soll mein Täublein sein.

Dem Kind zum Geschenk

Ich schenk dir was.
„Was ist denn das?"
Ein silbernes Wart-ein-Weilchen
und ein goldnes Nixchen
in einem niemalenen Büchschen.

Im Frühling, wenn die Maiglöckchen läuten

Kling, kling, Glöckchen,
im Haus steht ein Döckchen,
im Garten steht ein Hühnernest,
stehn drei seidne Döckchen drin;
eins spinnt Seiden,
eins flicht Weiden,
eins schließt den Himmel auf,
läßt ein bißchen Sonn heraus,
läßt ein bißchen drin,
daraus die Liebfrau Maria spinn
ein Röcklein für ihr Kindelein.

Sommer und Winter

Drei Rosen im Garten,
drei Lilien im Wald,
im Sommer ist's lustig,
im Winter ist's kalt.

Bim bam Glöckchen!
Da oben steht ein Stöckchen,
da oben steht ein Schilderhaus,
da gucken drei Mamsellerchen raus.
Die erste heißt Mariechen,
die zweite heißt Sophiechen,
die dritte schließt den Himmel auf,
läßt die liebe Sonne raus.

Sonnenlied

Sonne, Sonne, scheine,
fahr über Rheine,
fahr übers Glockenhaus,
gucken drei schöne Puppen raus;
eine, die spinnt Seiden,
die andre wickelt Weiden,
die andre geht ans Brünnchen,
find't ein goldig Kindchen!
Wer soll's heben?
Die Töchter aus dem Löwen.
Wer soll die Windeln wäschen?
Die alte Schneppertäschen.

Hist, host, Edelmann,
die Katz legt die Stiefeln an,
springt in den Brunnen,
hat ein Kindlein funnen.
Wie soll's heißen?
Endle Bendle Geißen.
Wer soll die Windeln waschen?
Drei alte Plaudertaschen.

Nebel, Nebel,
schwing dich auf den Gebel,
schwing dich auf zur Himmelstür,
laß die liebe Sonn herfür!

Regen, Regentröpfchen,
reg'n mir auf mei Köpfchen,
reg'n mir lauter Mandelkern,
Regen, ich hab di gar zu gern!

Es regnet, es regnet,
es regnet seinen Lauf,
und wenn's genug geregnet hat,
dann hört es wieder auf.

Es regnet, es regnet,
es regnet Tag und Nacht,
und wenn's genug geregnet hat,
die Sonne wieder lacht.

Es war einmal ein Männchen,
das kroch in ein Kännchen,
es kroch wieder heraus
bis an des Pastors Haus,
da war das Erzählchen aus.

Es war einmal ein Würmchen,
das klettert auf ein Türmchen,
da kam ein Stürmchen,
da flog das Würmchen
hui! hui! vom Türmchen.

Ich will dir was erzählen
von der alten Frölen,
von der alten Frölen von Rutsch,
die wollt fahrn und hatt' kein' Kutsch.

Es saßen neun Narren
auf einem Karren.
Da brach der Karren,
da fielen neun Narren,
was Narren, was Narren,
vom Karren!

Pipe, willst du nicht geraten,
schmeiß ich dich in 'n Pfaffengarten.
Kommt die Kuh,
frißt dich zu;
kommt die Maus,
frißt dich aus;
kommt der Storch,
frißt dich dorch;
kommt das Kalb,
frißt dich halb;
kommt das Schwein,
frißt dich über und über 'nein.

Die Pflaumen sind reif,
die Mädchen sind steif,
die Jungen sind stolz,
die fahren ins Holz,
da kippelt der Karren,
da lachen die Narren,
da geigt die Maus,
da tanzt die Laus,
da huppt der Floh
zum Fenster naus!

Warum?
Darum.
Warum denn darum?
Um die Krumm.
Warum denn um die Krumm?
Weil's nicht grad ist.

Vögel, die nicht singen,
Glocken, die nicht klingen,
Pferde, die nicht springen,
Kinder, die nicht lachen,
was sind das für Sachen.

Kälbchen verkaufen

Kälbchen zu verkaufen,
Leutchen, kommt gelaufen!
„Was soll das Kälbchen kosten?"
Anderthalben Groschen.
„Das ist fürs Kälbchen viel zuviel,
ich geb 'nen halben Besenstiel." –
So nimm du nur das Kälbchen hin,
freut mich, daß ich's ledig bin!

Morgengruß

Gehorsamer Diener!
Was machen Ihre Hühner?
Was macht denn Ihr Hund?
Ist die Katze noch gesund?
Was macht der Herr Sohn?
Ist auf und davon?
Sag, ich laß ihn grüßen
vom Kopf bis zu den Füßen.

Ihr Diener,
was machen Ihre Hühner?
Legen Sie brav Eier?
Was kostet 's Schock?
Einen Dreier.
Das ist mir zu teuer!
Einen Pfennig.
Das ist mir zu wenig!
Einen Zweer.
Das geht noch eher.

Hinter meinem Nachbarn sei'm Städel
sitzt ein klein, kleinwunsig Mädel,
spinnt auf seinem kleinwunsigen Rädel
ein klein, klein, kleinwunsiges Fädel.

Wo ist denn mein Schatz geblieben?

Eins, zwei, drei, vier, fünf, sechs, sieben,
wo ist denn mein Schatz geblieben?
Ist nicht hier, ist nicht da,
ist wohl in Amerika.

Da kommt ein Bär,
er tappt daher
und fragt: wo mein liebs Kindle wär?

Was ißt du gern, was siehst du gern?

Geschnittne Nudele eß ich gern,
aber nur die feine,
schöne Mädele seh ich gern,
aber nur die kleine.

Bist so krank als wie ein Huhn,
magst gern essen und nichts tun.

Heidelbeeren, Heidelbeeren,
stehn in unserm Garten,
Mutter, gib mir auch ein paar,
kann nicht länger warten.

Zicke, zicke, Häschen,
Mutter, gib mir 'n Käschen,
Mutter, gib mir 'n Butterbrot,
ach, das schmeckt doch gar zu gut!

Ringel, Ringel, Rosen,
Zucker muß man stoßen,
Schöppele Wein,
Bretzele drein,
komm, wir wollen lustig sein!

Appezeller Meideli,
wie macht mer denn der Käs?
Mer tut en in e Kübele,
mer druckt em mit dem Fidele,
drum wird er auch so räß.

Bim, baum,
Äpfel und Pflaum,
Birn und Nüsse
schmecken süße,
Zucker, Rosinen und Mandelkern
ißt das kleine Kindchen gern.

Sauerkraut und Rüben,
die haben mich vertrieben:
Hätt' mein' Mutter Fleisch gekocht,
so wär ich bei ihr blieben.

Weinsüppchen

Anne Margrittchen!
Was willst du, mein Liebchen?
Ich trinke so gerne
gezückerten Wein.

Zwei Pfund Zuckerchen,
ein Pfund Butterchen,
zwei Maße Wein,
so muß es gut sein.

Schütt es in ein Kesselchen,
rühr es mit dem Löffelchen,
Anne Margrittchen,
welch Süpplein ist das?

Eine Weinsupp! Eine Weinsupp!

Bum, bam, beier,
die Katz mag keine Eier.
Was mag sie dann?
Speck aus der Pfann!
Ei, wie lecker ist unsre Madam!

Nach dem Kochen

Ein schönes Kompliment,
und der Kaffee wär verbrennt,
die Milch wär übergelaufen,
morgen müßten wir andere kaufen.

Alle Leute sagen:
Holt meinem Kind 'nen Wagen.
Fahrt es in den Wald hinein,
wo die schönen Vögel sein.

Wenn man die Kinder im Schlitten fährt

Schäfele hat ein Küttele an,
hänget voller Röllen,
wann es über d' Gassen geht,
fangen die Hund an bellen.

Schäfele, komm,
schlag mir die Tromm,
führ mir mein Fritzle
im Schlittle herum.

Fahr auf der Post,
frag nit, was' kost't,
spann mir sechs Schimmel ein,
ich will der Postknecht sein.

Fritz, Fratz, Friederich,
warum büst du so liederlich?
Ik bün ja garni liederlich,
ik heet bloß Fritz, Fratz, Friederich.

Gretel, Pastetel,
was machen die Gäns?
Sie sitzen im Wasser
und waschen die Schwänz.

Ilse, Bilse,
niemand will se;
kam der Koch
und nahm sie doch.

Lore
kriegt die Katz beim Ohre,
kriegt sie beim Schwanze,
führt sie zum Tanze.

Der Hans im Schnokenloch
hat alles, was er will,
und was er hat, das will er nit,
und was er will, das hat er nit.
Der Hans im Schnokenloch
hat alles, was er will.

Sause, Lämmchen, sause!
Wo wohnt Peter Krause?
In dem blanken Hause,
wo die goldnen Püppchen stehn,
wo die schönen Jungfern gehn,
da wohnt Peter Krause.

Pumpernickels Hänschen
saß hinterm Ofen und schlief.
Da brannten seine Hösle an,
potztausend, wie es lief!

Schmied, Schmied, Schmied,
nimm dein Hämmerle mit:
Wenn du willst ein Gäulchen beschlagen,
mußt dein Hämmerle bei dir tragen.
Schmied, Schmied, Schmied,
nimm dein Hämmerle mit!

Biribiribump!
De Kaiser isch en Lump,
de König isch en Dieb
und du bischt mer lieb.

Soviel Dornen ein Rosenstock,
soviel Haar ein alter Bock,
soviel Flöh ein Pudelhund,
soviel Jahre bleib gesund!

Kinderpredigt

Ein Huhn und ein Hahn,
die Predigt geht an,
ein Kuh und ein Kalb,
die Predigt ist halb,
ein Katz und ein Maus,
die Predigt ist aus.
Geht alle nach Haus
und haltet ein Schmaus.
Habt ihr was, so eßt es,
habt ihr nichts, vergeßt es,
habt ihr ein Stückchen Brot,
so teilt es mit der Not.
Habt ihr noch ein Brosämlein,
so streuet es den Vögelein.

Erster Stock

Kosen, necken, lachen und das Bettchen machen

Neck- und Fingerspiele mit den Kleinsten, Kniereiter, Schlafliedchen

Mein Schätzle ist fein,
's könnt feiner nit sein,
es hat mir's versprochen,
sein Herzle gehör mein.

Taler,
Maler,
Küken,
Kälbchen,
Tänzchen,
Schwänzchen,
Dideldideldänzchen.

Da hast 'nen Taler,
geh auf den Markt,
kauf eine Kuh,
das Kälbchen dazu.
Kälbchen hat ein Schwänzchen,
Dideldideldänzchen.

Sälzchen,
Schmälzchen,
Butterchen,
Brötchen,
Krabbelkrabbelkrötchen.

Schweinchen schlachten,
Schweinchen schlachten:
Quik, quik, quik, quik, quik!
Würstchen machen, Würstchen machen:
Hack, hack, hack, hack, hack!
Aufessen, aufessen:
Wau, wau, wau, wau, wau!

Kätzchen läuft die Trepp hinan,
hat ein rotes Jäckchen an,
Messerchen an der Seiten.
Wo willst du hin reiten?
Will reiten nach Bulemanns Haus,
will mir holen eine fette, fette Maus!
Quiek, quiek, quiek, quiek!

Kinnewippchen,
rote Lippchen,
Nuppelnäschen,
Augenbräuchen.
Zupf, zupf mein Härchen.

Da kommt die Maus!
Da kommt die Maus!
Klingelingeling!
Ist der Herr (die Frau) zu Haus?

Kommt ein Mäuschen,
will ins Häuschen,
da nin, da nin, da nin.

Lustige Geschichte

Mein Vater kaufte sich ein Haus,
an dem Hause war ein Garten,
in dem Garten war ein Baum,
auf dem Baume war ein Nest,

in dem Neste war ein Ei,
in dem Ei, da war ein Dotter,
in dem Dotter war ein Hase,
der beißt dich in die Nase.

Patsche, patsche, Peter,
hinterm Ofen steht er,
flickt sein' Schuh und schmiert sein' Schuh,
kommt die alte Katz dazu,
frißt die Schmer und frißt die Schuh,
frißt die Schuh und frißt die Schmer,
frißt mir alle Teller leer.

Langer Weg,
breiter Weg,
kribbeldikribbeldikrabb.

Patsche, patsche Küchelchen,
mir und dir ein Krügelchen,
mir und dir ein Tellerchen,
mir und dir ein Hellerchen,
sind wir zwei Gesellerchen.

Backe, backe Kuchen,
der Bäcker hat gerufen,
hat gerufen die ganze Nacht,
Marie hat keinen Teig gebracht,
kriegt auch keinen Kuchen.

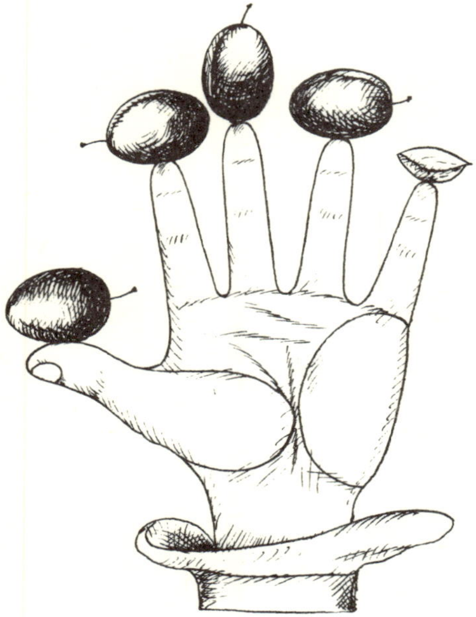

Das ist der Daumen.
Der schüttelt die Pflaumen.
Der liest sie auf.
Der bringt sie nach Haus –
und der kleine Schelm
ißt sie alle alleine auf!

Der ist ins Wasser gefallen.
Der hat ihn herausgeholt.
Der hat ihn ins Bett gelegt.
Der hat ihn zugedeckt.
Und der kleine Schelm da
hat ihn wieder aufgeweckt.

Der isch is Wasser gfalle.
De het en usezoge.
De het en heitreit.
De het en is Bett gleit,
und de chli Bümmi het alles
dem Müetti gseit.

Da läuft ein Weglein.
Da springt ein Häslein.
Der hat's geschossen.
Der hat's gewaschen.
Der hat's gebraten.
Der hat den Tisch gedeckt,
und der kleine Biribinker
hat den Teller abgeschleckt.

Botterlicker, Lüschenkicker,
Lang-Marten, Goll-Ringer, Lütt-Finger,
Luseknicker, Pottlicker, lange Mann,
Goldfinger, lütje Petermüllermann,
Tocki, Picki, Licki, Tschicki, Micki.

Popelmätzchen, Sängestert,
tanz mit mir auf'm Feuerherd,
ohne Kien und ohne Licht,
Popelmätzchen, stoß dich nicht!

Rößlein, Rößlein, Rößlein bschlagen:
tun wir mit'nander auf München fahrn.
Tun mir's Nagerl tief neischlagn,
tun mir's wieder außagrabn –
Kitzi, kitzi, kitz!

Mäuschen wiegt sein Kindelein,
beißt es in das Fingerlein,
beißt es in den Zeh –
zwick, zwick, zwicke zweh!

Steig auf das Bergle,
fall aber nit herab:
O herzig liebs Schätzle,
brich's Füßle nit ab.

Da kommt die Maus,
die baut ein Haus,
da kommt die Mücke,
die baut 'ne Brücke,
die geht gar krumm:
Das Büble fällt um!

Heile, heile!
Kätzchen am Seile,
's Hündchen am Strick:
Mein Büblein ist noch ungeschickt.

Tanz, Kindlein, tanz!
Deine Schühlein sind noch ganz,
es braucht dich nicht zu reue,
du kriegst bald wieder neue.

Der Müller tut mahlen,
das Rädle geht rum,
mein Schatz ist verzürnet,
weiß selbst nit, warum.

De Müller wott mahle,
sis Redli gaht um,
mis Chindli is hässig
und weiß nüd, warum.

Zürnt und brummt der kleine Zwerg,
nimmt er alles überzwerch:
den Backofen für ein Bierglas,
den Mehlsack für ein Weinfaß,
den Kirschbaum für ein'n Besenstiel,
den Flederwisch für 'ne Windmühl,
die Katz für eine Wachtel,
das Sieb für eine Schachtel,
das Hackbrett für ein'n Löffel,
den Hansel für den Stöffel.

Heile, heile, Gänschen,
es wird schon wieder gut.
Heile, heile, Mäusespeck,
in hundert Jahr ist alles weg.

Heile, heile, Segen,
drei Tag Regen,
drei Tag Sonnenschein,
bald wird's wieder besser sein.

Heile, Kätzchen, heile,
die Katze hat vier Beine,
vier Beine und ein' langen Schwanz,
morgen ist alles heil und ganz.

Au weh, Bauchweh, Zwetschgenkern,
wird gleich wieder besser wer'n!

Schluckauf und ich
gingen übern Steg,
Schluckauf fiel rein,
und ich lief weg.

Wenn die Kinder ihre heiße Suppe rühren

Lirum larum Löffelstiel,
alte Weiber essen viel,
Junge müssen fasten,
Brot liegt im Kasten,
Messer liegt daneben,
ei, was ein lustig Leben!

Hau dich nicht, stech dich nicht,
brenn dich nicht,
Suppe, die ist heiß!
Kindlein, wenn du essen willst,
setz dich auf den Steiß.

Zieh, zieh, Männchen!
Bring mir ein ander Zähnchen,
keinen von Lehm, keinen von Stein,
gib mir lieber einen von Bein!

Hoppe, hoppe, Reiter,
wenn er fällt, dann schreit er.
Fällt er in den Teich,
find't ihn keiner gleich.
Fällt er in die Hecken,
fressen ihn die Schnecken,
fressen ihn die Müllermücken,
die ihn vorn und hinten zwicken.
Fällt er in den tiefen Schnee,
dann gefällt's ihm nimmermeh.
Fällt er in den Graben,
fressen ihn die Raben.
Fällt er in den Sumpf,
dann macht er einen Plumpf.

Hopp, hopp, hopp,
Pferdchen, lauf Galopp
über Stock und über Steine,
aber brech dir nicht die Beine.
Hopp, hopp, hopp, hopp, hopp,
Pferdchen, lauf Galopp.

Hopp, hopp, ho Mann,
zieh dem Pferd den Zaum an,
zieh ihn nicht zu lang an,
daß das Kindlein reiten kann.
Hopp, hopp, hopp.

Drei Reiter zu Pferd,
wo kommen sie her?
Von Sixen, von Sachsen,
wo die schönen Mädchen
auf den Bäumen wachsen.
Hätt' ich daran gedacht,
hätt' ich dir auch eins mitgebracht.

Reiter zu Pferd
von Soest nach Werl.
Was hat er gebracht?
Ein Säckchen voll Mäuse,
einen Pelz voll Läuse,
ein Haus voll Kinder,
einen Stall voll Rinder,
einen Ziegenbock,
einen hölzernen Stock,
hopp, hopp, hopp,
hopp, hopp, hopp, hopp, hopp.

Hupp, hupp, to Mölen,
Peter op dat Föhlen,
Lisbeth op de bunte Koh,
so riden se beid na Mölen to.
Und as se hen to Mölen kamen,
do stunn de Mölen still.
„Möller, Möller, male!
Lütj Deerens kost't en Daler,
lütj Jungen kost't en Dubendreck;
schmiet se mit de Schüffel weg!"

Reiterlied auf des Vaters Knie

Troß, troß, trill,
der Bauer hat ein Füll,
das Füllen will nicht laufen,
der Bauer will's verkaufen,
verkaufen will's der Bauer,
das Leben wird ihm sauer,
sauer wird ihm das Leben,
der Weinstock, der trägt Reben,
Reben trägt der Weinstock,
Hörner hat der Ziegenbock,
der Ziegenbock hat Hörner,
im Wald, da wachsen Dörner,
Dörner wachsen im Wald,
der Winter, der ist kalt,
kalt ist der Winter,
vor der Stadt wohnt der Schinder,
wenn der Schinder 'gessen hat,
so ist er satt.

Wie reiten denn die Herren?
Trab, trab, trab!
Wie reiten denn die Bauern?
Stub, stub, stub!
Wie reitet denn der Edelmann
mit seinem Pferdchen hintendran?
Galepper, galepper, galepper!
Wie reiten denn die Jüngferlein
auf ihren weißen Schimmelein?
Hittepitte, hittepitte –
bums! in' Graben 'nein!

Reine, reine Rößche,
dort owe steht e Schlößche,
dort owe steht e Herrehaus,
gucke drei Madame raus,
die eine spinnet Seire,
die anner wickelt Weire,
die anner näht e rote Rock
für unsern kleene Holzebock.

Sige, säge Holz entzwei,
sige, säge Holz entzwei,
kleine Stücke, große Stücke,
Schni schna, schni schna, schnucks.

Hutsche, hutsche, hutsche,
fahr mer in der Kutsche,
fahr mer's Gasserl auf und ab,
Buberln, kauft's uns Besele ab!

Hör, hör, hör,
wat steit vör unse Dör?
Do steit en Mann mit siner Kiepen,
de will uns lüttge Kinder griepen,
hör, hör, hör!

Ich ging wohl über ein Steglein,
da fiel ich in ein Wasser 'nein,
plump, plump, plump!
Da kam der kleine Fink, Fink, Fink,
und zog mich aus dem plump, plump, plump.
Er hatte rote Strümpfchen an,
dazu ein weiß Paar Schuh,
da waren rote Bändlein dran,
die band er oben zu.

Vöglein auf der Wiege,
singst so klare Züge!
Also klar
sieben Jahr,
sieben Jahr herum!

Daß mein Kind recht ruhig schlaf,
sing ich ihm vom kleinen Schaf,
sing ich ihm vom Watschelgänschen,
mit dem Wickelwackelschwänzchen,
daß mein Kind recht ruhig schlaf,
sing ich ihm vom kleinen Schaf.

Morgenlied von den Schäfchen

Schlaf, Kindlein, schlaf,
der Vater hüt' die Schaf,
die Mutter schüttelt's Bäumelein,
da fällt herab ein Träumelein,
schlaf, Kindlein, schlaf!

Schlaf, Kindlein, schlaf,
am Himmel ziehn die Schaf,
die Sternlein sind die Lämmerlein,
der Mond, der ist das Schäferlein,
schlaf, Kindlein, schlaf!

Schlaf, Kindlein, schlaf,
so schenk ich dir ein Schaf,
mit einer goldnen Schelle fein,
das soll dein Spielgeselle sein,
schlaf, Kindlein, schlaf!

Schlaf, Kindlein, schlaf,
und blök nicht wie ein Schaf,
sonst kömmt des Schäfers Hündelein
und beißt mein böses Kindelein,
schlaf, Kindlein, schlaf!

Schlaf, Kindlein, schlaf,
geh fort und hüt die Schaf,
geh fort, du schwarzes Hündelein,
und weck mir nicht mein Kindelein,
schlaf, Kindlein, schlaf!

Höre, mein Kindchen, was will ich dir singen!
Äpfel und Birnen soll Vater mitbringen,
Pflaumen, Rosinen und Feigen:
Mein Kindchen soll schlafen und schweigen.

Heio, popeio,
was soll ich nun sagen?
Der Vater kauft dir einen goldigen Wagen,
sechs Schimmel fein,
und dann kann mein Bübel
der Fuhrmann sein.

Schlaf, du kleine Seele,
schlaf in guter Ruh!
Schlummre ohne Fehle,
tu die Äuglein zu!
Schlummre sanft und süße,
ruhe Händ und Füße,
auch das Äugelein
muß geschlossen sein.
Bisseken, bisseken, tralalala,
bisseken, bisseken, bei.

Willst du, Schelm, wohl schlafen?
Du sollst mit zum Hain,
wo bei bunten Schafen
Lämmerchen sich freun.
Schlummre sanft und süße,
wie Vöglein im Gebüsche,
wie der Hirt im Moos
schlummre sorgenlos!
Bisseken, bisseken . . .

Nunni, butti, Wiegeli,
uf em Dach es Ziegeli,
Vögeli het es Nestli gmacht,
Meiteli, schlaf die ganzi, ganzi Nacht!

Schlaf, mein kleines Mäuschen,
schlaf bis morgen früh,
bis der Hahn im Häuschen
ruft sein Kikeriki.

Butti heie, Wiegeli stoß,
übers Jahr isch des Meiteli groß,
übers Jahr cha's sälber loufe
und uf em Märit Chirseli choufe.
(und auf dem Markt Kirschen kaufen.)

Guten Abend, gute Nacht,
mit Rosen bedacht,
mit Näglein besteckt,
schlupf unter die Deck.
Morgen früh, wenn's Gott will,
wirst du wieder geweckt.

Schlaf, du liebe Kleine,
jetzo schlägt es neune,
dieses ist die Schlummerzeit
für die Kleinen weit und breit.
Eia poleia!

Alle Leute sagen:
Holt mei'm Kind 'nen Wagen,
fahrt es in den Wald hinein,
wo die schönen Vögel sein.
Eia poleia!

Eio popeio!
Was rasselt im Stroh?
Die Gänslein gehn barfuß,
und haben keine Schuh.
Der Schuster hat's Leder,
kein' Leisten dazu;
kann er den Gänslein
auch machen kein' Schuh.

Da oben auf dem Berge,
da saust der Wind,
da sitzet Frau Zwerge
und wieget ihr Kind.
Sie wiegt es auf ihrer schneeweißen Hand;
dazu braucht sie kein Wiegenband.

Die Magd an der Wiege

Hab ich mir's nicht längst gedacht,
sitz ich an der Wiegen,
hab den Wedel in der Hand,
wehr dem Kind die Fliegen.

Wenn die Leut spazierengehn,
muß ich an der Wiege stehn,
muß da machen knick und knack,
schlaf, du kleiner Habersack.

Wiegenlied

Schlaf, Püppchen, schlaf,
schlaf nur in Ruh,
schlaf, Püppchen, schlaf
und mach die Äuglein zu.
Darfst nicht lesen und schreiben,
kannst im Bettchen bleiben,
morgen so wie heut, hast dazu die Zeit.

Schlaf, Püppchen, schlaf,
schlaf nur in Ruh,
schlaf, mein Püppchen, schlaf
und mach die Äuglein zu.
Liegst du still und schläfst du brav,
sing ich dir vom kleinen Schaf,
sing ich dir vom Watschelgänschen
mit dem kleinen Wickelwackelschwänzchen.
Schlaf, mein Püppchen, schlaf.

Eia popeia

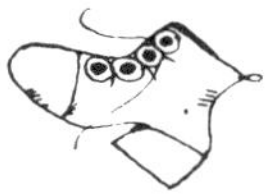

Eia im Sause,
zwei Wiegen in einem Hause,
soll der Vater nicht werden bang
um zwei Wiegen in einem Gang?
Eia im Sause.

Eia wiwi,
wer schläft heut nacht bei mir?
Soll's mein liebes Hänschen sein,
wird es auch hübsch freundlich sein.
Eia wiwi.

Eia pum, pum,
unser kleiner Jung
will noch nicht alleine schlafen,
will sich noch rumpumpeln lassen.
Eia pum, pum.

Eia polei,
kocht dem Schelm ein' Brei,
tut brav Zucker und Butter hinein,
so kriegt der Schelm ein'
geschmeidigen Seim.
Eia polei.

Eia schlaf süße,
ich wieg dich mit den Füßen,
ich wieg dich mit dem schwarzen Schuh,
schlaf, mein Kind, schlaf immerzu.
Eia schlaf süße.

Eia popeien,
willst du immer schreien,
Flenn-Els auf der Geigen,
kannst du nit geschweigen.
Eia popeien.

Eia popille,
schweigst du mir nicht stille,
geb ich dir, du Sünderlein,
die Rute vor dein Hinterlein.
Eia popille.

Pripe, nine, sause,
der Fuchs steht hinterm Hause,
er hat 'nen langen Schlitten mit
und nimmt die bösen Kinder mit,
die guten läßt er zu Hause.
Pripe, nine, sause.

Zweiter Stock

Storch und Ratz, Maus und Katz

Von allerlei großen und kleinen Tieren

A B C,
das Kätzchen lief im Schnee,
und als es wieder heimkam,
da hatt' es weiße Höschen an,
A B C,
das Kätzchen lief im Schnee.

A B C,
de Katt löpt in' Snee,
de Kater achterher
mit en groot Stück Smeer.

Miesemaukätzchen, miese,
wovon bist du so griese?
Ich bin so griese, ich bin so grau,
ich bin das Kätzchen Griesegrau.

Grau, grau Mäuschen,
bleib in deinem Häuschen!
Frißt du mir mein Butterbrot,
kommt die Katz und beißt dich tot.
Grau, grau Mäuschen,
bleib in deinem Häuschen!

Das Mäuslein spricht

Pick, pick, pick,
wie ist die Welt so dick,
wie ist die Welt so arm, so arm!
Die armen Mäuslein Gott erbarm.
Pick, pick, pick.

Sim, sim, sim,
allein ich wach noch bin.
Die Äuglein wend ich hin und her,
o wenn es doch schon morgen wär!
Sim, sim, sim.

Bauer, bind den Pudel an,
daß er mich nicht beißen kann!
Beißt er mich, verklag ich dich,
hundert Taler kost' es dich!

Das Pferd sagt zum Knecht:
Den Berg hinauf jag mich nicht,
den Berg hinab schlag mich nicht,
im Stall vergiß mich nicht.

Es ging eine Ziege am Weg hinaus,
meck, mereck, meck meck meck meck.
Die Kuh, die sah zum Stall heraus,
meck, mereck, meck meck meck meck.
Die Kühe und die Ziegen,
meck, mereck, meck meck meck meck,
die machen sich ein Vergnügen:
meck, mereck, meck meck meck meck.

Dut, dut, dut, wo bläst der Hirt?
Dut, dut, dut, wohl über dem Rhein.
Dut, dut, dut, was hätt' er gern?
Dut, dut, dut, zwei Lämmelein.
Mein Lieschen auch?
Nein, nein, nein, das kriegt er nicht!

Meelämmchen

Mee, Lämmchen, mee,
das Lämmchen lauft in' Wald,
da stieß sich's an ein Steinchen,
tat ihm weh sein Beinchen,
da schrie das Lämmchen mee!

Mee, Lämmchen, mee!
Das Lämmchen lauft in' Wald,
da stieß sich's an ein Stöchelchen,
tat ihm weh sein Köppelchen,
da schrie das Lämmchen mee!

Da stieß sich's an ein Sträuchelchen,
tat ihm weh sein Bäuchelchen,
da stieß sich's an ein Hölzchen,
tat ihm weh sein Hälschen,
da schrie das Lämmchen mee!

Kommt, Hühner bibi

Der Reiter zu Pferd,
die Köchin am Herd,
die Nonne im Kloster,
der Fischer im Wasser,
die Mutter backt Kuchen,
sie läßt mich nicht gucken,
sie gibt mir ein' Brocken,
soll Hühner mit locken,
kommt, Hühner bibi,
die Knochen ißt sie.

Wenn die Hühner im Garten sind

Mein Kichelchen, mein Kichelchen,
was machst in unserm Garten?
Pflückst uns all die Blümchen ab,
machst es gar zu arg!
Mutter wird dich jagen.
Vater wird dich schlagen!
Mein Kichelchen, mein Kichelchen,
was machst in unserm Garten!

Entenmarsch

Wusele, wusele, was,
die Enten gehn ins Gras,
die Enten patschen ins Wasser hinein,
die kleinen watscheln hinterdrein.
Dort schwimmen sie den ganzen Tag
und schnattern und schreien
gack – gack – gack.

Wer do?

Drei Gäns im Haberstroh
saßen da und waren froh.
Da kam ein Bauer gegangen
mit einer langen Stangen.
Ruft: Wer do! Wer do!
Drei Gäns im Haberstroh
saßen da und waren froh.

Storchenlied

Storch, Storch, Schniebel-Schnabel
mit der langen Heugabel,
mit den langen Beinen!
Wenn die Sonn tut scheinen,
steht er auf dem Kirchendach,
klappert lustig, bis alles wacht.
Storch hat sich aufs Nest gestellt,
guckt herab auf Dorf und Feld:
Wird bald Ostern sein?
Kommt hervor, ihr Blümelein!
Komm hervor, du grünes Gras!
Komm herein, du Osterhas,
komm fein bald und fehl mir nit,
bring auch deine Eier mit!

An den Storchschnabel

Storch, Storch, Steiner!
Mit den langen Beiner,
flieg mir in das Bäckerhaus,
hol mir ein' warmen Weck heraus!

Ist der Storch nit ein schönes Tier,
hat einen langen Schnabel und säuft kein Bier.

Sperling ist ein kleines Tier,
hat ein kurzes Schwänzchen,
sitzt vor Hänschens Kammertür,
macht ein Reverenzchen.

Kuckucksknecht,
sag mir recht,
wieviel Jahr ich leben soll.
Belüg mich nicht,
betrüg mich nicht,
sonst bist du der rechte Kuckuck nicht.
Kuckuck, Kuckuck.

Kuckuck hat sich totgefallen,
von einer hohlen Weiden.
Wer soll uns diesen Sommer lang
die Zeit und Weil vertreiben?

Goldhähnchenlied

Goldhähnchen, flieg hinweg!
Dein Häuschen brennt,
dein Süppchen sied't,
die Bauern kommen mit Spießen,
wollen dein Kindlein totschießen:
Puh, ti poh, ti puh!

Nachtigall, ich seh dich laufen,
aus dem Bächlein tust du saufen;
du tunkst dein klein Schnäblein ein,
meinst, es wär der beste Wein.

Nachtigall, wo ist gut wohnen?
In den Linden, in den Kronen,
bei der schönen Nachtigall;
grüß mein Kind viel tausendmal.

Klosterfrau im Schneckenhäusle,
sie meint, sie sei verborgen?
Kommt der Pater Guardian,
wünscht ihr guten Morgen!

Schnecke, Schnecke, Schniere,
zeig mir deine Viere.
Wenn du sie nicht zeigen willst,
werf ich dich in' Graben,
fressen dich die Raben,
fressen dich die Müllermücken,
die dich hint und vorne zwicken.

Bettelmanns Hochzig

Wickele, Wäckele!
Hinter dem Städele
hat ein Bettelmann Hochzig.
Es geiget das Mäusle,
es schlägt ein Igel Tromma.
Alle Tierlein, wo Wädelen hend,
sollen zur Hochzig komma.

Dritter Stock

Ulk und Scherz vertreiben den Schmerz

Lustige Reime und Neckereien

Des abends, wenn ich früh aufsteh,
des morgens, wenn ich zu Bette geh,
dann krähen die Hühner, da gackelt der Hahn,
dann fängt das Korn zu dreschen an.
Die Magd, die steckt den Ofen ins Feuer,
die Frau, die schlägt drei Suppen in die Eier,
der Knecht, der kehrt mit der Stube den Besen,
da sitzen die Erbsen, die Kinder zu lesen,
o weh, wie sind mir die Stiefel geschwollen,
daß sie nicht in die Beine 'neinwollen!
Nimm drei Pfund Stiefel und schmiere das Fett,
dann stelle mir vor die Stiefel das Bett.

Ei der Tausend!

Ich saß auf einem Birnenbaum,
wollt gelbe Rüben graben,
da kam derselbe Bauersmann,
dem diese Zwiebeln waren.

Ach, ach, du Schelm, du Hühnerdieb,
was tust du in meinen Nüssen?
So hab ich doch mein Leben lang
kein besser Quetsch gegessen.

Die Kuh saß auf dem Schwalbennest,
hatt' zwanzig junge Geißen.
Der Esel hatt' Pantoffeln an,
kam übers Meer geflogen.

Sie klatscht die Eier in die Pfann,
die Stiefel wollt sie schmieren.
Schau, wie der Esel pfeifen kann,
wenn ihn die Flöh vexieren.

Ihr Leut, macht auf, ist niemand hie,
der Esel tanzt Kourante.
Der Ochs, der schlägt die Zimboli,
die Frösche sind Trabanten.

Höre, hast du's schon vernommen?
Eine Ratte ist über die Ostsee geschwommen.
Ein Schiffer fuhr im Mondenschein
auf Schiefertafeln über den Rhein.
Ein Dieb, der stahl ein lahmes Lamm
und eine Henne ohne Kamm
und eine Hacke ohne Stiel
und was ihm sonst im Stall gefiel.

Dunkel war's, der Mond schien helle,
als ein Wagen blitzesschnelle
langsam um die Ecke fuhr.
Drinnen saßen stehend Leute,
schweigend ins Gespräch vertieft,
als ein totgeschossner Hase
auf dem Sandberg Schlittschuh lief!

Die kleine Hexe

Morgens früh um sechse
kommt die kleine Hexe,
morgens früh um sieben
schabt sie gelbe Rüben,
morgens früh um acht
wird Kaffee gemacht,
morgens früh um neune
geht sie in die Scheune,
morgens früh um zehne
holt sie Holz und Spähne,
feuert an um elf,
kocht dann bis um zwölf
Fröschlein, Krebs und Fisch,
Kinder, kommt zu Tisch!

Jan, spann an,
drei Katzen voran,
drei Mäuse vorauf,
Jan obendrauf,
den Blocksberg hinauf!

Neunundneunzig Schneider,
die wiegen hundert Pfund.
Und wenn sie die nicht wiegen,
dann sind sie nicht gesund.

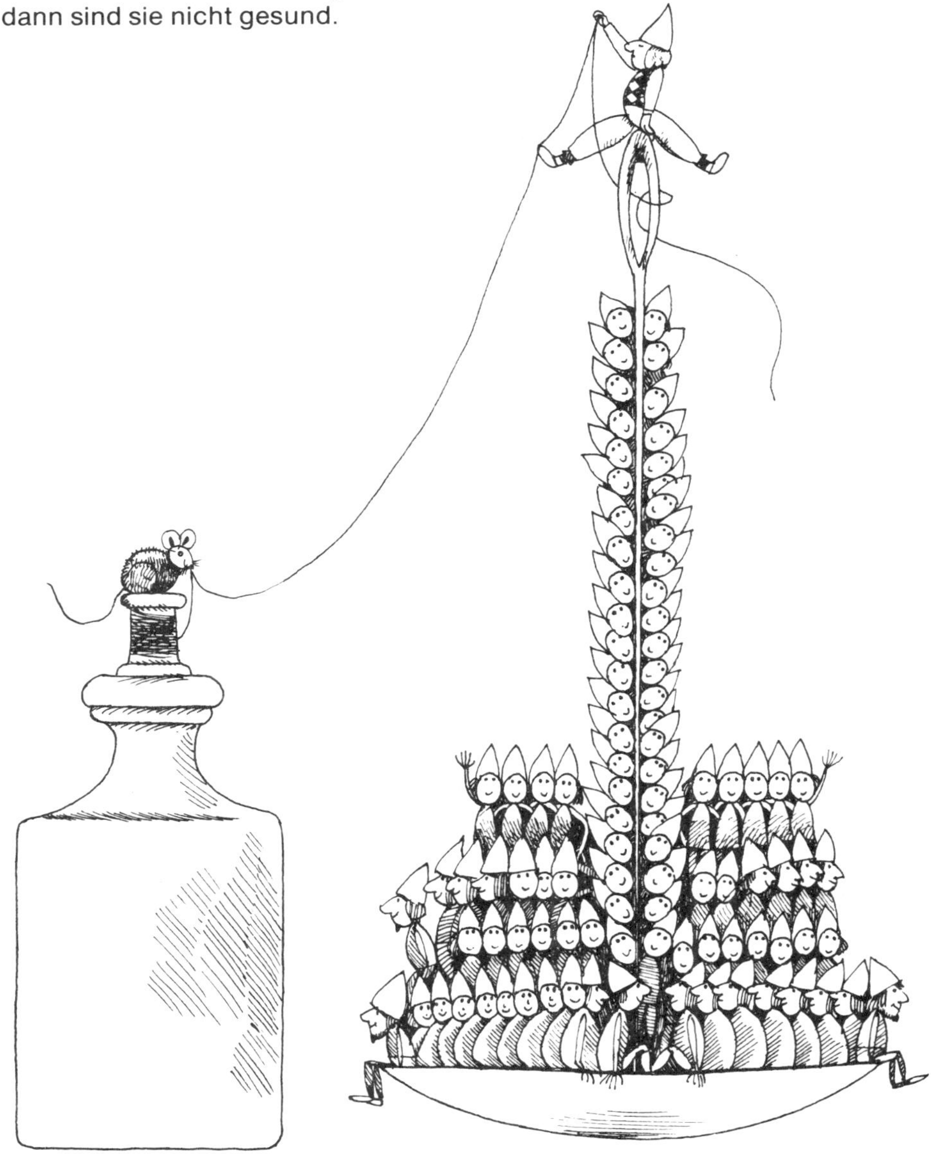

Der Schneider und die Laus,
die fordern einander heraus,
und wär ich nit dazwischekomme,
so wär der Schneider ums Lebe 'komme.

Eins, zwei, drei,
alt ist nicht neu,
neu ist nicht alt,
warm ist nicht kalt,
kalt ist nicht warm,
reich ist nicht arm.

Eins, zwei, drei,
alt ist nicht neu,
arm ist nicht reich,
hart ist nicht weich,
frisch ist nicht faul,
Ochs ist kein Gaul.

Eins, zwei, drei,
alt ist nicht neu,
sauer ist nicht süß,
Händ sind keine Füß,
Füß sind keine Händ,
's Lied hat ein End.

Auf dem Berge Sinai
wohnt der Schneider Kikeriki,
seine Frau, die Margarete,
saß auf dem Balkon und nähte,
fiel herab, fiel herab,
und das linke Bein brach ab.
Kam der Doktor angerannt
mit der Nadel in der Hand,
näht es an, näht es an,
daß sie wieder laufen kann.

Die Ziege lief den Berg hinauf,
wackelt mit dem Bärtchen;
sprang ein kleiner Schneider drauf,
meint, es wär ein Pferdchen.

Wunsch

Ich wollt, ich wollt, ich wollt,
daß ich den besten Vogel finge.
Der Vogel soll mir Heu bringen,
das Heu will ich der Kuh geben,
die Kuh soll mir Milch geben,
die Milch will ich dem Bäcker geben,
der Bäcker soll mir Brot geben,
das Brot will ich der Braut geben,
die Braut soll mir Kraut geben,
das Kraut will ich dem Vater geben,
Vater soll mir 'nen Taler geben,
den Taler will ich der Mutter geben,
Mutter soll mir Käse geben,
den Käs will ich dem Kater geben,
der Kater soll mir Mäuse fangen,
die Mäus will ich in' Rauch aufhangen.

Weißt du was?
„Wenn's regnet, ist's naß,
wenn's schneit, wird's weiß,
wenn's gefriert, hat's ein Eis!"
Du bist ein rechter Naseweis.

Was?
Altes Faß.
Wenn's regnet, wird's naß,
wenn's schneit, wird's weiß,
wenn's friert, gibt's Eis,
wenn's taut, wird's grün,
werden alle kleinen Jungfern schön.

Das unendliche Gummigedicht

Auf einem Gummi-Gummi-Berg,
da wohnt ein Gummi-Gummi-Zwerg
Der Gummi-Gummi-Zwerg
hat eine Gummi-Gummi-Frau.
Die Gummi-Gummi-Frau
hat ein Gummi-Gummi-Kind.
Das Gummi-Gummi-Kind
hat ein Gummi-Gummi-Kleid.
Das Gummi-Gummi-Kleid
hat ein Gummi-Gummi-Loch.
usw.
(Nun dichte selber weiter)

Liebe Sonne, komm gekrochen,
denn mich friert's an meine Knochen;
liebe Sonne, komm gerennt,
denn mich friert's an meine Händ.

Herr Demereh,
der schoß dem Reh
das Bein entzwee:
Da schrie das Reh:
O jemine!
Herr Demereh,
das tut so weh!

In der bimbambolischen Kirche
geht es bimbambolisch zu:
tanzt der bimbambolische Ochse
mit der bimbambolischen Kuh.
Und die bimbambolische Mutter
kocht den bimbambolischen Brei,
und die bimbambolischen Kinder
fassen mit den Fingern drein.

Kunterbunt

Es war einmal ein kurz, kund, rund, bunt Männchen,
das saß auf ein'm kurz, kund, rund, bunten Pferd,
es war umgürt't mit ein'm kurz, kund, rund, bunten Schwert,
es ritt durch die kurz, kund, rund, bunte Gasse durch,
wo die kurz, kund, rund, bunten Kinder saßen.
„O ihr kurz, kund, rund, bunten Kinderlein,
geht mir aus dem kurz, kund, rund, bunten Weg,
daß euch mein kurz, kund, rund, buntes Pferd
nicht auf die kurz, kund, rund, bunten Füßchen tret'!"

Es war einmal ein Mann

Es war einmal ein Mann,
der hatte einen Schwamm.
Der Schwamm war ihm zu naß,
da ging er auf die Gaß.
Die Gaß war ihm zu kalt,
da ging er in den Wald.
Der Wald war ihm zu grün,
da ging er nach Berlin.
Berlin war ihm zu voll,
da ging er nach Tirol.
Tirol war ihm zu klein,
da ging er wieder heim.
Daheim war's ihm zu nett,
da legt' er sich ins Bett.
Im Bett da war 'ne Maus,
und die Geschicht ist aus.

Es war einmal ein Mann,
der hatte keinen Kamm;
da ging er hin und kauft' sich einen,
da hat er einen.
Da brach er ihn entzwei,
da hatt' er zwei.

Ich ging einmal nach Buschlabeh,
da kam ich an 'nen großen See,
da kam ich an ein Mühlenhaus,
da schauten drei Hexen zum Fenster raus.
Die erste sprach: „Komm, iß mit mir!"
Die zweite sprach: „Komm, trink mit mir!"
Die dritte nahm 'nen Mühlenstein
und warf ihn mir ans linke Bein.
Da schrie ich laut: „O weh, o weh!
Ich geh nicht mehr nach Buschlabeh!"

Das Wappen von Amsterdam

Ich ging einmal nach Amsterdam
auf der Faulenzer Straße;
man fragt' mich, ob ich faulenzen kann,
ich sagte nein und meint' doch ja,
ich setzt' mich nieder und faulenzt' da;
es war wohl tausend Gulden wert,
dafür kauft' ich ein schönes Pferd,
war's kein junges, war's ein alts
ohne Kopf und ohne Hals,
ohne Schenkel, ohne Bein,
auf dem Pferd ritt ich allein,
auf dem Pferd ritt ich so lang,
bis ihm gar der Bauch zersprang.
Flog heraus ein Göckerlein,
krähte grob und krähte fein,
hat auf seinem Kopf ein' Kamm,
drauf stand das Wappen von Amsterdam.

Der Ball der Tiere

Mich dünkt, wir geben einen Ball!
Sprach die Nachtigall.
So? sprach der Floh.
Was werden wir essen? sprachen die Wespen.
Nudeln! sprachen die Pudeln.
Was werden wir trinken? sprachen die Finken.
Bier! sprach der Stier.
Nein, Wein! sprach das Schwein.
Wo werden wir denn tanzen? sprachen die Wanzen.
Im Haus! sprach die Maus.

Ein Huhn, das fraß, man glaubt es kaum,
ein Blatt von einem Gummibaum.
Da ging es in den Hühnerstall
und legte einen Gummiball.

Unsre Katz hat Junge,
sieben an der Zahl.
Sechs davon sind Hunde,
das ist ein Skandal.

Doch der Kater spricht:
Die ernähr ich nicht!
Diese zu ernähren,
ist nicht meine Pflicht!

Auf der grünen Isar
schwimmt ein Krokodil,
wedelt mit dem Schwanze,
weiß nicht, was es will.
Eine alte Frau
weiß es ganz genau,
was das Krokodil
mit dem Schwanze will.

Mops und Koch

Ein Mops lief in die Küche
und stahl dem Koch ein Ei.
Da nahm der Koch den Löffel
und schlug den Hund entzwei.

Da kamen alle Möpse
und gruben ihm ein Grab
und setzten ihm 'nen Grabstein,
worauf geschrieben ward:

Ein Mops lief in die Küche
und stahl dem Koch ein Ei.
usw.

Der Spaziergang im Walde

Zwei Löwen gingen einst selbhand
in einem Wald spazoren,
und haben da vor Wut entbrannt
einander aufgezohren.

Da kamen eines Tags daher
des Wegs zwei Leute, edel,
die fanden von dem Kampf nichts mehr
als beider Löwen Wedel.

Daraus geht nun für Groß und Klein
die weise Lehr hervor:
Selbst mit dem besten Freunde dein
im Walde nie spazor!

Hammer nix, hammer nix,
so lasse mer wieder holen,
hat der Wirt kein' Kreide mehr,
so schreibt er mit den Kohlen.

Der Lulli ist mir schuldig,
und ich dem Lulli auch;
wenn mir der Lulli zahlen will,
zahl ich dem Lulli auch.

Neckreim

Denkt ihr denn, denkt ihr denn,
Mädchen wären teuer?
Fünfe für ein Pfennigstück,
fünfzehn für 'nen Dreier.

Denkt ihr denn, denkt ihr denn,
Jungens sind so teuer?
Fünfzehn für ein' Flederwisch,
sechzehn für ein' Dreier.

Ich und du, das Ei,
sind wir unser drei,
teilen wir das Ei,
bleiben wir unser zwei,
bleibt es einerlei.

Meine Mu, meine Mu, meine Mutter schickt mich her,
ob der Ku, ob der Ku, ob der Kuchen fertig wär.
Wenn er no, wenn er no, wenn er noch nicht fertig wär,
käm ich mo, käm ich mo, käm ich morgen wieder her.

Trompeterstückchen

Heiderlau!
Stirbt meine Frau,
reis ich in die Wetterau,
hol mir eine andre,
die soll sein
hübsch und fein,
schöner als die andre.

Die Linse
wo sin se!
Im Dippe
sie hippe.
Sie koche
drei Woche,
bleibe hart wie die Knoche.
Deck sie zu,
so han sie Ruh.

Bist du krank?
Im Brotschrank,
auf Schüssel und Teller,
in Küch und Keller,
mit Schinken und Wein
komm ich wieder auf die Bein!

Von Adel und Tadel

Ein' silberne Scheide,
ein' goldene Kling,
mein Schatz ist von Adel,
wie freut mich das Ding.

Kreideweiße Haare,
schwarzgewichste Schuh,
ein' Degen an der Seite,
ein Goldstück dazu.

Mein Schatz ist von Adel,
von Adel ist er,
was hat er für einen Tadel?
Kein' Waden hat er.

Was möchtest du nicht?

Ich möcht für tausend Taler nicht,
daß mit der Kopf ab wär,
da spräng ich mit dem Rumpf herum
und wüßt nicht, wo ich wär;
die Leut schrien all und blieben stehn:
„Ei, guck einmal den! Ei, guck einmal den!"

Vierter Stock

Eine, deine, daus, geh mal aus dem Haus

Abzähler, gleich 33 Stück

Eine beine Nuß,
wer nicht ausrennt, muß!

Piff, paff, Schuß,
wer nicht will, der muß!

i – e – u,
drauß bist du!

Ich und du, Bäckers Kuh,
Müllers Esel, der bist du.

Eins, zwei, drei,
du bist frei!
Gib dich drein,
du mußt's sein!

Eins, zwei, drei,
Butter auf den Brei,
Salz auf den Speck,
und du mußt weg.

Eins, zwei, drei,
Zuckersiederei,
Zuckersiedepumpernickel,
Eins, zwei, drei.

Eins, zwei, drei, vier,
hinterm Klavier,
sitzt a Maus,
du bist draus!

Eckche, Deckche, Silberglöckche,
auf dem Dach da liegt e Päckche,
in dem Päckche ist Papier:
eins, zwei, drei, vier.

Eins, zwei, drei, vier, fünf,
mach dich auf die Strümpf,
mach dich auf die Schuh,
sonst bist's du!

Eins, zwei, drei, vier, fünf, sechs, sieben,
eine alte Frau kocht Rüben,
eine alte Frau kocht Speck,
und du mußt weg.

Ritz und Ratz,
Maus und Katz,
Katz und Maus,
du bist raus!

Ätsche bätsche, bitsche batsche,
säwwere wäwwere, witsche watsche,
säwwere wäwwere wuh,
aus bist du.

Das ist mein Apfel,
und das ist mein' Birn,
und wann du mich fangen willst,
mußt dich halt rührn!

Eine, beine, Rätsel,
wer backt Brätzel?
Wer backt Kuchen?
Der muß suchen.

Adam ist in' Garten 'gangen.
Wieviel Vogerl hat er gfangen?
Eins, zwei, drei,
du bist frei!

Es lief eine Maus
wohl über das Haus,
den Tripp, den Trapp,
denn du warst ab.

Jung, hol Wein,
Knecht, schenk ein,
Herr, sauf aus,
du bist draus.

Auf dem Berge Sinai
wohnt der Schneider Kikriki,
guckt mit seiner Brille raus,
eins, zwei drei,
und du bist aus!

Anderli, Mannderli,
schlag mi net!
Kraut und Rüben mag i net!
Bachene Fisch eß i gern,
du mußt der Fanger wer'n!

Der Schmied muß ein Roß beschlagen,
wieviel Nägel muß er haben?
Eins, zwei, drei,
du bist frei.

Eni, beni, tupfile,
geh mit mir nach Ninive!
Ninive ist zugeschlossen,
und der Schlüssel abgebrochen.
Eins, zwei, drei,
du bist frei.

Ene, bene, dunke, funke,
Rabe, schnabe, dippe, dappe,
Käse, knappe,
ulle, bulle, ros,
ib, ab, aus,
du liegst draus.

Eine kleine Dickmadam
fuhr einst mit der Eisenbahn.
Eisenbahn, die krachte,
Dickmadam, die lachte.
Eins, zwei drei,
und du bist frei!

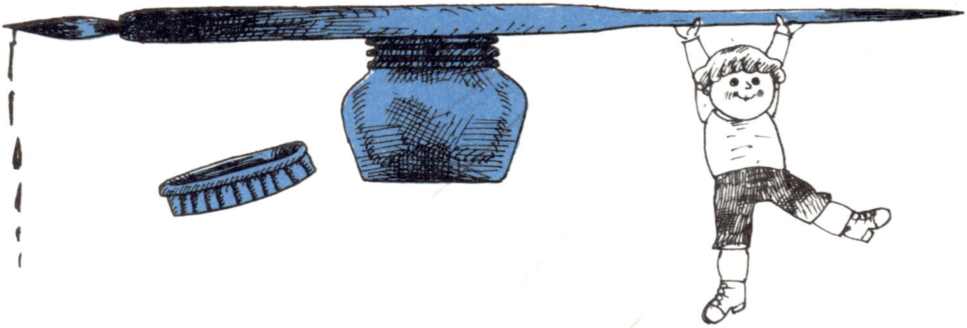

Eins, zwei, drei,
du bist frei,
vier, fünf, sechs,
du bist nex.
Sieben, acht, neun,
du mußt's sein.

Ene, dene, Tintenfaß,
geh zur Schul und lerne was!
Wenn du was gelernet hast,
komm nach Haus und sag mir was!
Eins, zwei, drei,
du bist am allerersten frei!

Es geht ein Männchen über die Brück,
hat ein Säckelchen auf dem Rück,
schlägt es wider den Pfosten,
Pfosten kracht,
Männchen lacht,
dipp, dipp, dapp,
du bist ab.

Eins, zwei, drei, vier, fünf, sechs, sieben,
wer hat diese Brief' geschrieben?
Den für mich,
den für dich,
den für Bruder Friederich.
Einen Brief aus der Türkei,
eins, zwei, drei,
und du bist frei!

Auf dem vi, va, bunten Berge,
wohnen vi, va, bunte Zwerge.
Und die vi, va, bunten Zwerge
haben vi, va, bunte Kinder.
Und die vi, va, bunten Kinder
aßen jeden Tag ein Ei:
Eins, zwei, drei,
und du bist frei!

Eins, zwei, drei,
bicke, backe, bei,
bicke, backe, Habermus,
die Gänse gehen barfuß.
Habn gelbe Schühle an
und rote Bändl dran.
Eins, zwei, drei,
du bist am allerersten frei.

Ene, tene, tuchen,
wer muß suchen?
Enen, tenen, darf,
zittern, zedern, zarf,
Zarfijon,
Picklimon,
enen, tenen, ton,
du bist dron.

Eins, zwei, drei,
in der Meierei
steht ein Teller auf dem Tisch.
Kommt die Katz und holt den Fisch.
Kommt der lange Leineweber,
schlägt dem Kätzchen auf das Leder.
Schreit das Kätzchen miau!
Will's gewiß nicht wieder tun!
Dipp, dipp, dapp,
du bist ab!

Ene, dene, ditzelchen,
mein' Mutter, die backt Schnitzelchen.
Geh ich dran und leck,
kommt sie mit dem Steck.
Geh ich zu dem Knecht,
sagt er, es wär recht.
Geh ich zu der Magd,
hat mich ausgelacht.
Geh ich zu der Maus,
ich oder du bist draus!

Dachboden

Ach wie lang, ach wie schön sind doch die Erzählchen

Zwei Hände voll ellenlange Reime

Ammenuhr

Der Mond, der scheint,
das Kindlein weint,
die Glock schlägt zwölf,
daß Gott doch allen Kranken helf!

Gott alles weiß,
das Mäuslein beißt,
die Glock schlägt ein,
der Traum spielt auf den Kissen dein.

Das Nönnchen läut
zur Mettenzeit,
die Glock schlägt zwei,
sie gehn ins Chor in einer Reih.

Der Wind, der weht,
der Hahn, der kräht,
die Glock schlägt drei,
der Fuhrmann hebt sich von der Streu.

Der Gaul, der scharrt,
die Stalltür knarrt,
die Glock schlägt vier,
der Kutscher siebt den Haber schier.

Die Schwalbe lacht,
die Sonn erwacht,
die Glock schlägt fünf,
der Wandrer macht sich auf die Strümpf.

Das Huhn gagackt,
die Ente quackt,
die Glock schlägt sechs,
steh auf, steh auf, du faule Hex.

Zum Bäcker lauf,
ein Wecklein kauf,
die Glock schlägt sieben,
die Milch tu an das Feuer schieben.

Tut Butter 'nein
und Zucker fein,
die Glock schlägt acht,
geschwind dem Kind die Supp gebracht.

Was der Gans alles aufgepackt worden ist

Was trägt die Gans auf ihrem Schnabel?
Federgans?
Einen Ritter mitsamt dem Sabel
trägt die Gans auf ihrem Schnabel.
Federgans.
Was trägt die Gans auf ihrem Kopf?
Federgans?
Einen dicken Koch mitsamt dem Topf
trägt die Gans auf ihrem Kopf.
Federgans.
Was trägt die Gans auf ihrem Kragen?
Federgans?
Einen Fuhrmann mit Roß und Wagen
trägt die Gans auf ihrem Kragen.
Federgans.
Was trägt die Gans auf ihren Flügeln?
Federgans?
Einen stattlichen Ritter mitsamt den Bügeln
trägt die Gans auf ihren Flügeln.
Federgans.
Was trägt die Gans auf ihrem Rücken?
Federgans?
Ein altes Weib mitsamt den Krücken
trägt die Gans auf ihrem Rücken.
Federgans.
Was trägt die Gans auf ihren Zehen?
Federgans?
Ein' Jungfer, die tut Hemdlein nähen,
trägt die Gans auf ihren Zehen.
Federgans.
Was trägt die Gans auf ihrem Schwanzerl?
Federgans?
Ein' Jungfrau in dem Hochzeitskranzerl
trägt die Gans auf ihrem Schwanzerl.
Federgans.

Knecht, Magd, Ochs, Esel und alles, was mein ist

Als ich ein armes Weib war,
zog ich über den Rhein,
beschert' mir Gott ein Hühnelein;
war ich ein reiches Weib,
ging ich über die Wiese,
fragten alle Leut,
wie mein Hühnlein hieße,
Bibberlein heißt mein armes
Hühnelein.

Als ich ein armes Weib war,
zog ich über den Rhein,
beschert' mir Gott ein Entelein;
war ich ein reiches Weib,
ging ich über die Wiese,
fragten alle Leut,
wie mein Entlein hieße,
Entequentlein heißt mein Entlein,
Bibberlein heißt mein armes
Hühnelein.

Als ich ein armes Weib war,
zog ich über den Rhein,
beschert' mir Gott ein Gänselein;
war ich ein reiches Weib,
ging ich über die Wiese,
fragten alle Leut,
wie mein Gänslein hieße,
Wackelschwänzlein heißt mein
Gänslein usw.

Als ich usw.
beschert' mir Gott ein Zickelein usw.
Klipperbein heißt mein armes
Zickelein,
Wackelschwänzlein usw.

Als ich usw.
beschert' mir Gott ein Schweinelein
usw.
Schmortöpflein heißt mein armes
Schweinelein,
Klipperbein usw.

Als ich usw.
beschert' mir Gott ein Kuh,
gute Muh heißt mein Kuh,
Schmortöpflein heißt mein usw.

Als ich usw.
beschert' mir Gott ein Haus,
Guckeraus heißt mein Haus,
gute Muh usw.

Als ich usw.
beschert' mir Gott ein Mann,
Kegelbahn heißt mein Mann usw.

Beschert' mir Gott ein Kind,
Goldenring heißt mein Kind.

Beschert' mir Gott ein Magd,
Hat er gesagt heißt meine Magd.

Beschert' mir Gott ein Pferd,
Ehrenwert heißt mein Pferd.

Beschert' mir Gott ein Knecht,
Haberecht heißt mein Knecht.

Beschert' mir Gott ein Hahn,
Wettermann heißt mein Hahn.

Beschert' mir Gott ein Floh,
Hüpf ins Stroh heißt mein Floh.

Nun kennt ihr mich mit Mann und Kind
und all meinem Hausgesind.

Das buckliche Männlein

Will ich in mein Gärtlein gehn,
will mein Zwiebeln gießen,
steht ein bucklicht Männlein da,
fängt als an zu niesen.

Will ich in mein Küchel gehn,
will mein Süpplein kochen,
steht ein bucklicht Männlein da,
hat mein Töpflein brochen.

Will ich in mein Stüblein gehn,
will mein Müslein essen,
steht ein bucklicht Männlein da,
hat's schon halber 'gessen.

Will ich auf mein Boden gehn,
will mein Hölzlein holen,
steht ein bucklicht Männlein da,
hat mir's halber gstohlen.

Will ich in mein Keller gehn,
will mein Weinlein zapfen,
steht ein bucklicht Männlein da,
tut mir 'n Krug wegschnappen.

Setz ich mich ans Rädlein hin,
will mein Fädlein drehen,
steht ein bucklicht Männlein da,
läßt mir's Rad nicht gehen.

Geh ich in mein Kämmerlein,
will mein Bettlein machen,
steht ein bucklicht Männlein da,
fängt als an zu lachen.

Wenn ich an mein Bänklein knie,
will ein bißlein beten,
steht ein bucklicht Männlein da,
fängt als an zu reden:

„Liebes Kindlein, ach, ich bitt,
bet fürs bucklicht Männlein mit!"

Ist alles verloren

Es kam eine Maus gegangen
in unser Kornehaus,
die nahm das Korn gefangen
in unserm Kornehaus.
Die Maus das Korn,
ist alles verlorn
in unserm Kornehaus.

Da kam eine Ratz gegangen
in unser Kornehaus,
die nahm die Maus gefangen
in unserm Kornehaus.
Die Ratz die Maus,
die Maus das Korn,
ist alles verlorn
in unserm Kornehaus.

Da kam eine Katz gegangen
in unser Kornehaus,
die nahm die Ratz gefangen
in unserm Kornehaus.
Die Katz die Ratz,
die Ratz die Maus,
die Maus das Korn,
ist alles verlorn
in unserm Kornehaus.

Da kam ein Hund gegangen
in unser Kornehaus,
der nahm die Katz gefangen
in unserm Kornehaus.
Der Hund die Katz,
die Katz die Ratz,
die Ratz die Maus,
die Maus das Korn,
ist alles verlorn
in unserm Kornehaus.

Da kam ein Fuchs gegangen
in unser Kornehaus,
der nahm den Hund gefangen
in unserm Kornehaus.
Der Fuchs den Hund,
der Hund die Katz,
die Katz die Ratz,
die Ratz die Maus,
die Maus das Korn,
ist alles verlorn
in unserm Kornehaus.

Da kam ein Wolf gegangen
in unser Kornehaus,
der nahm den Fuchs gefangen
in unserm Kornehaus.
Der Wolf den Fuchs,
der Fuchs den Hund,
der Hund die Katz,
die Katz die Ratz,
die Ratz die Maus,
die Maus das Korn,
ist alles verlorn
in unserm Kornehaus.

Da kam ein Bär gegangen
in unser Kornehaus,
der nahm den Wolf gefangen
in unserm Kornehaus.
Der Bär den Wolf,
der Wolf den Fuchs,
der Fuchs den Hund,
der Hund die Katz,
die Katz die Ratz,
die Ratz die Maus,
die Maus das Korn,
ist alles verlorn
in unserm Kornehaus.

Da kam der Knecht gegangen
in unser Kornehaus,
der nahm den Bär gefangen
in unserm Kornehaus.
Der Knecht den Bär,
der Bär den Wolf,
der Wolf den Fuchs,
der Fuchs den Hund,
der Hund die Katz,
die Katz die Ratz,
die Ratz die Maus,
die Maus das Korn,
ist alles verlorn
in unserm Kornehaus.

Da kam die Magd gegangen
in unser Kornehaus,
die nahm den Knecht gefangen
in unserm Kornehaus.
Die Magd den Knecht,
der Knecht den Bär,
der Bär den Wolf,
der Wolf den Fuchs,
der Fuchs den Hund,
der Hund die Katz,
die Katz die Ratz,
die Ratz die Maus,
die Maus das Korn,
ist alles verlorn
in unserm Kornehaus.

Unser Bruder Melcher

Unser Bruder Melcher,
der wollt ein Reiter werden,
hatt er doch kein Pferdchen nicht,
konnt er keiner werden.
Sein Mutter nahm ein Ziegenbock,
setzt den Bruder Melcher drop.
Ziegenbock, Melcher drop,
Armutei, Bettelei,
ist das nicht ein schöne Reiterei?

Unser Bruder Melcher,
der wollt ein Reiter werden,
hatt er doch kein Sattel nicht,
konnt er keiner werden.
Sein Mutter nahm ein Ziegelstein,
legt 'n dem Melcher zwischen die Bein.
Ziegelstein Zwischen die Bein,
Ziegenbock, Melcher drop,
Bettelei, Armutei,
ist das nicht ein schöne Reiterei?

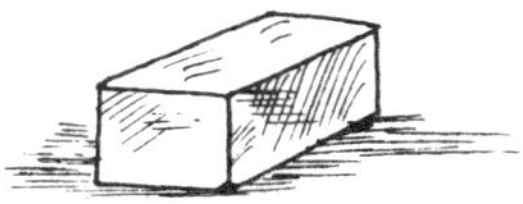

Unser Bruder Melcher,
der wollt ein Reiter werden,
hatt er doch kein Sabel nicht,
konnt er keiner werden.
Sein Mutter nahm ein Strumpfband,
gab's dem Melcher in die Hand.
Strumpfband In die Hand,
Ziegelstein Zwischen die Bein,
Ziegenbock, Melcher drop,
Armutei, Bettelei,
ist das nicht ein schöne Reiterei?

Unser Bruder Melcher,
der wollt ein Reiter werden,
hatt er doch kein Sporen nicht,
konnt er keiner werden.

Sein Mutter nahm ein Hagedorn,
macht dem Melcher schöne Sporn.
Hagedorn Schöne Sporn,
Strumpfband In die Hand,
Ziegelstein Zwischen die Bein,
Ziegenbock, Melcher drop,
Armutei, Bettelei,
ist das nicht ein schöne Reiterei?

Unser Bruder Melcher,
der wollt ein Reiter werden,
hatt er doch kein Stiefel nicht,
konnt er keiner werden.
Sein Mutter nahm die Ofenpfeif,
macht dem Melcher Stiefel steif.
Ofenpfeif Stiefel steif,
Hagedorn Schöne Sporn,
Strumpfband In die Hand,
Ziegelstein Zwischen die Bein,
Ziegenbock, Melcher drop,
Armutei, Bettelei,
ist das nicht ein schöne Reiterei?

Unser Bruder Melcher,
der wollt ein Reiter werden,
hatt er doch kein Handschuh nicht,
konnt er keiner werden.
Sein Mutter kocht ein Hirsebrei,
zuppt dem Melcher die Finger drein.
Hirsebrei Finger drein,
Ofenpfeif Stiefel steif,
Hagedorn Schöne Sporn,
Strumpfband In die Hand,
Ziegelstein Zwischen die Bein,
Ziegenbock, Melcher drop,
Bettelei, Armutei,
ist das nicht ein schöne Reiterei?

Unser Bruder Melcher,
der wollt ein Reiter werden,
hatt er doch kein Tschako nicht,
konnt er keiner werden.
Sein Mutter nahm ein Nachtetopp,
stülpt ihn dem Melcher über den Kopp.
Nachtetopp Über den Kopp,
Hirsebrei Finger drein,
Ofenpfeif Stiefel steif,
Hagedorn Schöne Sporn,
Strumpfband In die Hand,
Ziegelstein Zwischen die Bein,
Ziegenbock, Melcher drop,
Bettelei, Armutei,
ist das nicht ein schöne Reiterei?

Vom Schlauraffenland

Nun höret zu und schweiget still,
was ich euch Wunders sagen will
von einem guten Lande;
es bliebe mancher nicht daheim,
könnt er dahin gelangen.

Die Gegend heißt Schlauraffenland,
ist faulen Leuten wohlbekannt,
liegt hinterm Zuckerberge.
Und willst du in das Land hinein,
friß dich hindurch die Quere.

Der Berg ist schier drei Meilen lang,
doch beiß dich durch und tu dir Zwang:
Gelingt dir's ohne Schaden,
so findest du die Häuser all
gedeckt mit Eierfladen.

Tür und Wänd, das ganze Haus
sind von Lebkuchenteig durchaus,
die Sparren Schweinebraten.
Kauft einer dort um Pfennigswert,
hier gilt es einen Dukaten.

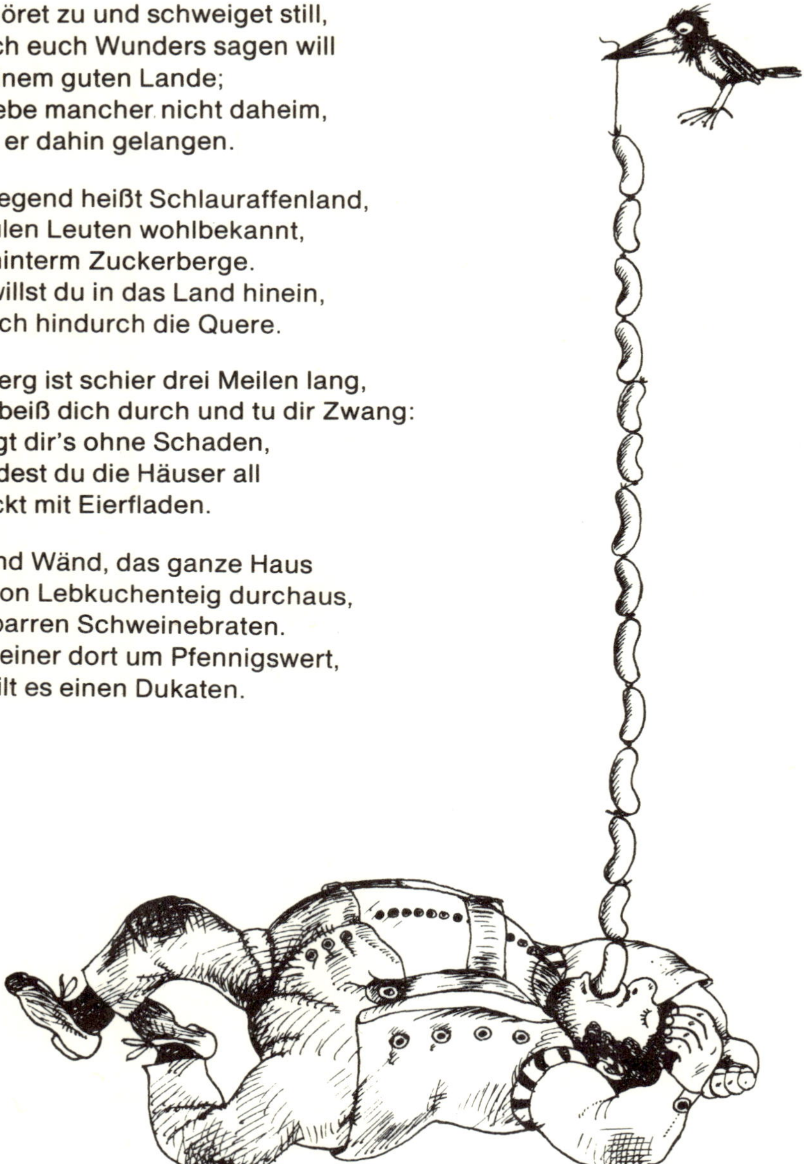

Alle Brunnen sind voll süßem Wein,
rinnen einem selbst ins Maul hinein,
und andre süße Weine;
und wer die gerne trinken mag,
der mach sich auf die Beine.

Um jedes Haus, da ist ein Zaun
geflochten von Bratwürsten braun,
gebraten und gesotten.
Es mag sie essen, wer da will,
sie sind niemand verboten.

Auch fliegen um, das mögt ihr glauben,
gebratne Vögel, Gäns und Tauben,
und wer sie nicht will fangen,
dem fliegen sie von selbst ins Maul,
braucht nicht danach zu langen.

Die Säu geraten alle Jahr,
laufen herum und sind schon gar,
mit Messern in dem Rücken,
daß jeder bald ohn Aufenthalt,
sich schneiden mag sein' Stücke.

Fällt ein Wetter im Sommer ein,
so regnet's lauter Honigseim:
Alle, die gern schlecken,
die laufen in das Land hinein,
da haben sie zu lecken.

Fängt es im Winter zu schneien an,
so schneit es nichts als Marzipan,
Rosinen auch und Mandeln,
und wer sie gerne knabbern mag,
der hat einen guten Handel.

Auf Tannen wachsen große Krapfen
wie hierzuland die Tannenzapfen,
auf Fichten wachsen Schnitten,
auch kann man von den Birken da
gute Speckkuchen schütten.

Auf Weiden wachsen Semmeln frei,
die Löffel hängen schon dabei,
darunter Milchbäch fließen.
Die Semmeln fallen in die Milch,
daß sie ein jeder kann genießen.

Faul Gesinde, Mägd und Knecht,
sind in dem Land gar eben recht:
Auf, Gretel denn und Stöffel,
macht an den Milchbach euch geschwind
mit einem großen Löffel.

Wer tölpisch ist und gar nichts kann,
wird in dem Land ein Edelmann,
und wer nichts tut als schlafen,
essen, trinken, tanzen und spielen,
der wird zu einem Grafen.

Wer als der Allerfaulste wird erkannt,
ist König über das ganze Land
und hat ein groß Einkommen.
Des Landes Art und Eigenschaft,
das habt ihr nun vernommen.

Wer sich will machen auf die Reis
und selbst den Weg dahin nicht weiß,
der mag ein' Blinden fragen;
ein Stummer ist auch gut dazu,
wird ihm nicht unrecht sagen.

Vom Jockel

Es schickt der Herr den Jockel aus,
er soll den Hafer schneiden;
der Jockel schneid't den Hafer nicht
und kommt auch nicht nach Haus.

Da schickt der Herr den Pudel aus,
er soll den Jockel beißen;
der Pudel beißt den Jockel nicht,
der Jockel schneid't den Hafer nicht
und kommt auch nicht nach Haus.

Da schickt der Herr den Prügel aus,
er soll den Pudel schlagen;
der Prügel schlägt den Pudel nicht,
der Pudel beißt den Jockel nicht,
der Jockel schneid't den Hafer nicht
und kommt auch nicht nach Haus.

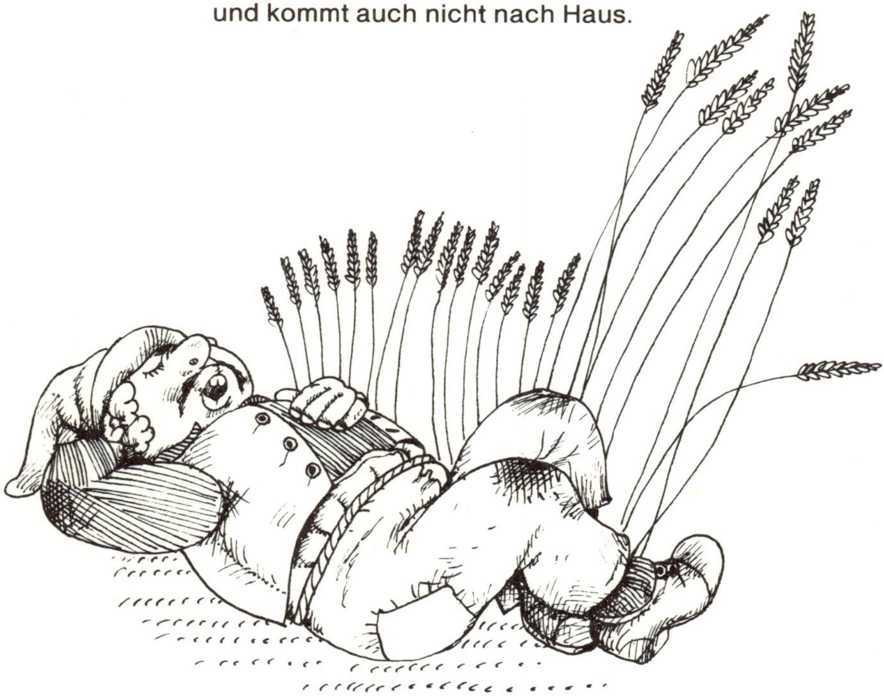

Da schickt der Herr das Feuer aus,
es soll den Prügel brennen;
das Feuer brennt den Prügel nicht,
der Prügel schlägt den Pudel nicht,
der Pudel beißt den Jockel nicht,
der Jockel schneid't den Hafer nicht
und kommt auch nicht nach Haus.

Da schickt der Herr das Wasser aus,
es soll das Feuer löschen;
das Wasser löscht das Feuer nicht,
das Feuer brennt den Prügel nicht,
der Prügel schlägt den Pudel nicht,
der Pudel beißt den Jockel nicht,
der Jockel schneid't den Hafer nicht
und kommt auch nicht nach Haus.

Da schickt der Herr den Ochsen aus,
er soll das Wasser saufen;
der Ochse säuft das Wasser nicht,
das Wasser löscht das Feuer nicht,
das Feuer brennt den Prügel nicht,
der Prügel schlägt den Pudel nicht,
der Pudel beißt den Jockel nicht,
der Jockel schneid't den Hafer nicht
und kommt auch nicht nach Haus.

Da schickt der Herr den Schlachter aus,
er soll den Ochsen schlachten;
der Schlachter schlacht't den Ochsen nicht,
der Ochse säuft das Wasser nicht,
das Wasser löscht das Feuer nicht,
das Feuer brennt den Prügel nicht,
der Prügel schlägt den Pudel nicht,
der Pudel beißt den Jockel nicht,
der Jockel schneid't den Hafer nicht
und kommt auch nicht nach Haus.

Da schickt der Herr den Henker aus,
er soll den Schlachter hängen;
der Henker hängt den Schlachter nicht,
der Schlachter schlacht't den Ochsen nicht,
der Ochse säuft das Wasser nicht,
das Wasser löscht das Feuer nicht,
das Feuer brennt den Prügel nicht,
der Prügel schlägt den Pudel nicht,
der Pudel beißt den Jockel nicht,
der Jockel schneid't den Hafer nicht
und kommt auch nicht nach Haus.

Da schickt der Herr den Teufel aus,
er soll den Henker holen;
der Teufel holt den Henker nicht,
der Henker hängt den Schlachter nicht,
der Schlachter schlacht't den Ochsen nicht,
der Ochse säuft das Wasser nicht,
das Wasser löscht das Feuer nicht,

das Feuer brennt den Prügel nicht,
der Prügel schlägt den Pudel nicht,
der Pudel beißt den Jockel nicht,
der Jockel schneid't den Hafer nicht
und kommt auch nicht nach Haus.

Da geht der Herre selbst hinaus
und macht gar bald ein End daraus;
der Teufel holt den Henker nun,
der Henker hängt den Schlachter nun,
der Schlachter schlacht't den Ochsen nun,
der Ochse säuft das Wasser nun,
das Wasser löscht das Feuer nun,
das Feuer brennt den Prügel nun,
der Prügel schlägt den Pudel nun,
der Pudel beißt den Jockel nun,
der Jockel schneid't den Hafer nun
und kommt sofort nach Haus.

Langes Lügenmärchen

Ich will euch singen und will nicht lügen:
Ich sah drei gebratene Hühner fliegen,
sie flogen also schnelle,
sie hatten die Bäuche zum Himmel gekehrt,
die Rücken nach der Hölle.

Ein Amboß und ein Mühlenstein,
die schwammen zusammen über den Rhein,
sie schwammen also leise.
Da fraß ein Frosch einen glühenden Pflug
zu Pfingsten auf dem Eise.

Es wollten drei Kerls einen Hasen fangen,
sie kamen auf Krücken und Stelzen gegangen;
der eine konnt nicht hören,
der andre war blind, der dritte stumm,
der vierte konnte sich nicht rühren.

Nun will ich euch singen, wie es geschah:
Der Blinde zuerst den Hasen sah
im Feld geschwind hertraben.
Der Stumme rief dem Lahmen zu,
da faßt' ihn der beim Kragen.

Es segelten etliche über Land,
die Segel hatten sie in den Wind gespannt
und segelten auf den Feldern.
Sie segelten auf einen hohen Berg:
Da ertranken sie all in den Wäldern.

Es ging ein Krebs auf die Hasenjagd:
Die Wahrheit kommt heraus mit Macht
und bleibt nicht lang verschwiegen.
Es lag eine Kuhhaut auf dem Dach,
die war da hinaufgestiegen.

Hiermit will ich mein Lied beschließen,
sollt' es die Leute gleich verdrießen,
und will nicht länger lügen.
In meinem Land sind die Fliegen
so groß als hierzuland die Ziegen.

Eins, zwei, drei

Eins, zwei, drei,
alt ist nicht neu,
neu ist nicht alt,
warm ist nicht kalt,
kalt ist nicht warm,
reich ist nicht arm,
arm ist nicht reich,
schön ist nicht gleich,
gleich ist nicht schön,
spinnen ist nicht nähn,
nähn ist nicht spinnen,
Schoten sind kein Linsen,
Linsen sind kein Schoten,
Mäuse sind kein Ratten,
Ratten sind kein Mäuse,
Flöh sind kein Läuse,
Läuse sind kein Flöhe,
Hirsche sind kein Rehe,

Reh ist kein Hirsch,
faul ist nicht frisch,
frisch ist nicht faul,
Ochs ist kein Gaul,
Gaul ist kein Ochs,
Has ist kein Fuchs,
Fuchs ist kein Hase,
Zung ist kein Nase,
Nas ist kein Zunge,
Leber ist kein Lunge,
Lung ist kein Leber,
Schneider ist kein Weber,
Weber ist kein Schneider,
Bauer ist kein Schreiber,
Schreiber ist kein Bauer,
süß ist nicht sauer,
sauer ist nicht süß,
Hände sind kein Füß,
Füß sind kein Hände,
das Lied nimmt ein Ende.

Benutzte Sammlungen (Auswahl):

Arnim, A. von und Brentano, C., Des Knaben Wunderhorn. München 1963
Böhme, F. M., Deutsches Kinderlied und Kinderspiel. Leipzig 1897
Dichtungen aus der Kinderwelt. Hamburg 1815
Feldigl, F., Fromm' und fröhlich' Jahr. München o. J.
Kühn, M., Macht auf das Tor. Königstein und Leipzig 1930
Simrock, K., Das deutsche Kinderbuch. Basel o. J.
Wolgast, H., Schöne alte Kinderreime. München o. J.

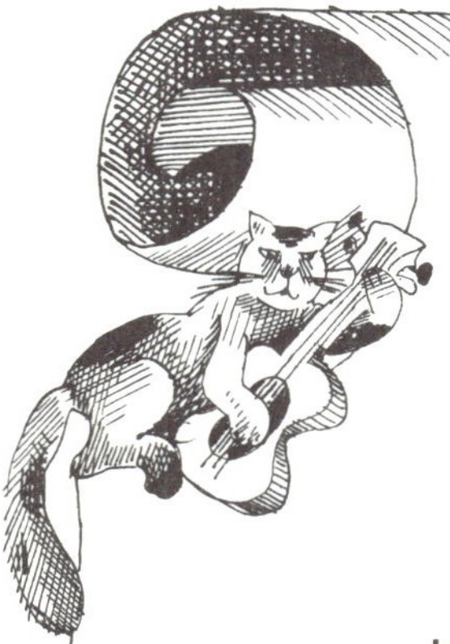

In gleicher Ausstattung ist im
Loewes Verlag erschienen:

Kunterbunter Liedergarten

Ein Strauß schöner alter Kinderlieder
gebunden von René Rilz
und reich verziert von Margret Rettich

Über 70 schöne alte Lieder für Kinder versammelt dieser Band: Wiegen- und Spiellieder, Jahreszeitenlieder, Tier- und Wanderlieder und manches – auch in Mundart – zum Scherzen und Lachen. Alle Texte sind mit Noten versehen; die Begleitung auf Klavier, Flöte oder anderen Instrumenten erhöht den Spaß!